9103665

7072I

TRAITÉ
DU CONTREPOINT
SIMPLE,
OU CHANT
SUR LE LIVRE,

Ouvrage nécessaire à tous ceux qui aspirent à entrer dans la Musique de la plûpart des Cathedrales & Collégiales, tant en France, que de Flandre & autres.

Par Monsieur LOUIS-JOSEPH MARCHAND, Prêtre Semiprebandé, & Maître de Musique de l'Insigne Chapitre de S. Maxe, Chapelle Royale à Bar-le-Duc, ci-devant Maître de Musique des Cathedrales de Chaalons & de Bezançon.

A BAR-LE-DUC,

Chez RICHARD BRIFLOT, Imprimeur-Libraire, &c.

M. DCC. XXXIX.
AVEC PERMISSION

PREFACE.

LES Auteurs qui ont traité de la Musique & de toutes ses perfections, ont à la vérité épuisé la matiere, & il semble que tout ce qu'on peut dire maintenant sur cette belle Science, n'est qu'un foible Echo de ce qu'en ont dit tant d'habiles Gens qui ont écrit sur ce riche sujet. Je ne prétends donc pas icy donner de nouvelles Régles, mais seulement rassembler & mettre dans un seul point de vûë, les différents Préceptes que doivent observer ceux qui sont obligés à chanter sur le Livre.

Je ne doute pas que d'autres n'eussent mieux rempli ce dessein que moy; mais si, par une fause modestie, chaque Auteur pensant de même, eût voulu s'en tenir là, aurions-nous les beaux Ouvrages qui nous facilitent maintenant ce qui autrefois paroissoit presque impossible? Connoissant donc l'utilité de ce Traité qu'on ne s'est pas encore avisé de donner par écrit, je me suis proposé de le faire, pour aider ceux qui sont obligés d'enseigner dans les Cathedrales & autres Chapitres, & qui étant surchargés d'affaires, trouveront icy une metode qui leur abregera ce travail. Souvent même des Musiciens de profession, qui sçavent parfaitement chanter la Musique, ignorent la pratique du Contrepoint simple ou chant sur le Livre; c'est ce que j'ai vû dans plusieurs Cathedrales, soit celle où j'ai apris les Principes, soit celles où j'ai été comme simple Musicien & Bénéficier, comme Bourges & Auxerre, soit celles où j'ai eû l'honneur de conduire la Musique comme Chaalons & Bezançon. On voit par là combien *ce Traité sera avantageux. Voicy l'ordre que j'y ai observé.*

Après avoir donné la définition du Contrepoint simple ou chant sur le Livre, j'ai expliqué les termes, dont l'intelligence est nécessaire à la matiere que je traite, sans cependant être entré dans un détail qui ne convient qu'aux Commençans, comme les termes de mesure, de temps, de clef, &c. Ensuite j'ai exposé les Régles, dont l'observation fait la perfection du Chant sur le Livre. J'en ai donné la pratique dans des Exemples, ayant même ajouté des Leçons à la fin de mon Traité.

TRAITÉ
DU CONTREPOINT SIMPLE,
O U
CHANT SUR LE LIVRE.

Où l'on aprend toutes les Régles nécessaires à la pratique.

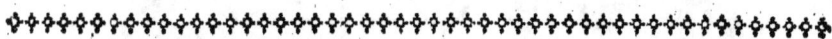

❖❖

CHAPITRE PREMIER.

De la Définition du Contrepoint simple, ou Chant sur le Livre.

LE Plein-chant est une modulation simple à l'usage de l'Eglise, qui sans avoir la varieté & les agréments de la Musique, en a cependant toute la majesté, lorsqu'il est chanté dans la juste proportion de vitesse ou de lenteur qui convient. Dans certaines occasions on y joint des accords de musique qui y répondent presque notte pour notte, c'est ce que nous apellons *Contrepoint simple,* ou *Chant sur*

le Livre, & dont nous expliquons icy la nature & la pratique. Le *Contrepoint simple*, ou *Chant sur le Livre*, est donc une Compofition d'accords harmonieux que les Muficiens font à leur gré fur un Plein-chant, en obfervant cependant certaines Régles.

On a nommé cette Compofition *Contrepoint*, parce qu'autre fois ces accords fe marquoient par des points.

Cette Science peut fe divifer en fpéculative & en pratique. La premiére confidére les tons & leurs differents raports, qui font comme des Principes d'où la feconde tire des conféquences & des régles pour l'exécution.

Cette Science demande au Muficien une pratique confommée, pour pouvoir accompagner muficalement le Plein-chant dans fon exécution, quand il eft chanté avec viteffe, comme quand il eft chanté avec modération, ou lentement.

Lorfqu'on fçait parfaitement bien coucher fur le papier toutes les Régles du *Chant fur le Livre*, il faut encore s'habituer à le chanter dans les mêmes Régles fur le Plein-chant, dans l'inftant qu'il fe chante, & y pouvoir imiter les differens deffeins, ou fugues, qui donnent tout l'agrément au Chant, dont l'oreille eft agréablement affectée.

CHAPITRE II.

Dès Intervales, ou Accords en général.

LEs Intervales que nous ne définissons pas expressément, s'entendent assez de ceux qui sont en état de profiter de ce petit Traité ; ils sçavent qu'ils ont apris leurs principes de Musique par ce moïen, lorsqu'il étoit question de trouver les justes sons de leurs nottes, en les parcourant de degrez en degrez, tantôt en montant, tantôt en descendant.

Ces Intervales sont ce que nous nommons ordinairement Accords ; comme il y a sept Intervales, il y a donc aussi sept Accords. Le plus petit s'apelle *Seconde*, & les suivans, *Tierce*, *Quarte*, *Quinte*, *Sixte*, *Septieme* & *Octave*.

Les Accords ou Intervales se distinguent en *parfaits* & *imparfaits*, ou bien en *bons* & *mauvais*, ou *consonances* & *dissonances* & en *mixte*.

Les *parfaits* sont la *Tierce*, la *Quinte* & l'*Octave*. Les *imparfaits* sont la *Seconde*, la *Quarte* & la *Septieme*. L'Accord *mixte* est la seule *Sixte*, qui est tantôt *consonance*, tantôt *dissonance*.

Parmy ces Accords les impairs sont les plus parfaits. Chaque Accord se divise en *majeur* & en *mineur*. Les majeurs peuvent devenir mineurs, en joignant un *b-mol* sur la notte d'en haut, qui est le dessus, ou un *dieze* sur celle d'en bas, qui est la basse. Comme les *mineurs* peuvent devenir *majeurs*, en joignant un *dieze* sur la notte d'en haut, ou un *b-mol* sur celle d'en bas.

EXEMPLE.

Accord majeur. Accord devenu mineur. Accord devenu maieur par un *dieze* à la notte *ut* du dessus, ou par un *b-mol* sur la notte *la* de la basse.

A ij

CHAPITRE III.

Explication des Accords en particulier.

DE LA SECONDE.

LA *seconde majeure* est composée de deux semi-tons comme d'*ut*, à *ré*.

La *seconde mineure* est composée d'un semi-ton comme de *mi*, à *fa*.

EXEMPLE DES DEUX SECONDES.

Seconde Majeure d'*ut* à *ré*.   Seconde mineure de *mi* à *fa*.

DE LA TIERCE.

La *Tierce majeure* est composée de deux tons comme d'*ut*, à *mi*.

La *Tierce mineure* est composée d'un ton & demi, comme de *ré* à *fa*.

EXEMPLE DES DEUX TIERCES.

Tierce majeure d'*ut* à *mi*.   Tierce mineure de *ré* à *fa*.

DE LA QUARTE.

La *Quarte majeure* est composée de trois tons, comme de *fa* à *si*, cet Accord est apellé *Triton*.

La *Quarte mineure* est la *Quarte ordinaire* qui est composée de deux tons & demi, comme d'*ut* à *fa*.

EXEMPLE DES DEUX QUARTES.

Quarte majeure que l'on apelle *Triton*.   Quarte mineure qui est la Quarte ordinaire.

DE LA QUINTE.

IL y a trois sortes de *Quintes*, la *Quinte ordinaire* qui est la *juste*, la *Quinte mineure* que l'on apelle *fausse Quinte*, ou *diminuée*, & la *superfluë*.

La *Quinte ordinaire* ou *juste*, contient trois tons & un semi-ton comme de *sol* à *ré*. Voyez l'Exemple A.

La *Quinte mineure*, que l'on apelle *fausse Quinte* ou *diminuée*, est composée de deux tons & deux semi-tons, ce qui fait qu'on l'apelle *Triton*. On la rend juste, en mettant un *dieze* sur la notte la plus élevée, ou un *b-mol* sur la plus basse ; elle seroit *superfluë*, si on mettoit l'un & l'autre.

La *Quinte superfluë* contient quatre tons, comme la *Sixte mineure*, on la rend *juste*, en mettant un *b-mol* sur la notte la plus élevée, & un *dieze* sur la plus basse : elle deviendroit *Triton* si on mettoit l'un & l'autre.

B

EXEMPLE.

Quintes juftes.   Fauffes Quintes ou Quintes diminuées.   Quintes fuperflues.

A

DE LA SIXTE.

La *Sixte majeure* eft compofée de quatre tons & demi, comme d'*ut* à *la*.

La *Sixte mineure* eft compofée de trois tons, & de deux demi tons, comme de *la* à *fa*.

EXEMPLE DES DEUX SIXTES.

Sixte d'*ut* à *la*.   Sixte de *la* à *fa*.

DE LA SEPTIEME.

La *Septieme majeure* eft compofée de cinq tons & demi, comme d'*ut* à *fi*.

La *Septieme mineure* eft compofée de quatre tons, & de deux demi tons, comme de *fol* à *fa*.

EXEMPLE DES DEUX SEPTIEMES.

Septieme majeure d'*ut* à *fi*.   Septieme mineure de *fol* à *fa*.

DE L'OCTAVE.

L'*Octave* qui est unique dans son genre, est composée de cinq tons & de deux demi tons, comme d'*ut* à l'Octave *ut*.

EXEMPLE.

Autres Exemples assez étendus, pour rendre plus sensible ce qui vient d'être expliqué.

ACCORDS — Secondes majeures.   ACCORDS — Secondes mineures.

Tierces majeures.

Tierces mineures.

ACCORDS MAJEURS.

ACCORDS MINEURS.

Quartes majeurs.

Quartes mineures.

Quintes ordinaires ou justes.

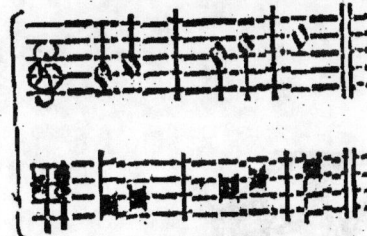

Quintes mineures ou fausses.

Sixtes majeures.

Sixtes mineures.

Septiemes majeures.   Septiemes mineures.

MAJEURS

MINEURS

OCTAVE UNIQUE DANS SON GENRE.

CHAPITRE IV.

*Où l'on explique quelques termes néceffaires à la pratique du
Contrepoint.*

POUR mettre en pratique ce que j'ai expliqué ci-deffus,
il faut fçavoir que le Plein-chant eft comme la baffe du
Chant fur le Livre; c'eft fur cette baffe qu'on doit travailler,
chaque notte en doit être regardée comme le premier degré, fur
lequel on doit faire fes accords. L'intervale qui eft depuis cette
notte, jufqu'à celle où l'on s'arrête, eft ce qu'on apelle un *Accord*;
il eft *parfait* ou *imparfait*. Exemple, fi la notte du Plein-chant eft
un *ut*, & que je m'arrête à *ré*, cet intervale eft une *feconde*, Accord *imparfait*. Si je vais à *mi*, c'eft une *tierce*, Accord parfait, ainfi
de fuite. Il faut fi bien connoître tous les Accords de chaque
notte, que l'on foit difpenfé de décompter pour les trouver, car
autrement, comment voudriez-vous compofer un Chant de bon
goût, fi vous ne fçavez tout d'un coup connoître les nottes de
vos Accords, pour les ajufter en régle, & fuivre par imitation
les différens deffeins qui fe trouvent dans le Plein-chant? C'eft
peu de fçavoir faire un Accord, il faut pour réuffir dans le Contrepoint, connoître la nature du fujet fur lequel on travaille.

Le Plein-chant a différens tons ou modes, c'eft-à-dire, différentes maniéres de commencer, continuer & finir une Piece;
on en compte jufqu'à huit qu'il faut fçavoir diftinguer. La régle
eft courte & facile à retenir; elle confifte à fçavoir que les finales
peuvent fe prendre deux à deux, de telle forte que pour le premier ou fecond ton, la finale fera *ré*. Pour le troifiéme & le
quatriéme, la finale fera *mi*, & ainfi du refte comme on le voit
dans l'arrangement cy joint.

Pour connoître la dominante qui eft plus difficile à remarquer,
ce qui eft néanmoins le principal à quoi on diftingue les tons,

il faut se souvenir que les tons étant pris deux à deux, de la maniére que nous venons de le dire, le premier des deux aura toujours sa dominante plus élevée que l'autre, ce qui sera aisé à remarquer, & par conséquent un moyen de pouvoir en retenir la
différence plus aisément.

REGLE

Pour connoître les tons du Plein-chant.

		Finales	dominantes
Le 1er ton aura sa finale *ré*. Sa dominante *la*.	.	. *ré* .	*la*
Le 2d. ton aura sa finale *ré*. sa dominante *fa*.	.	. *ré* .	*fa*
Le 3e. ton aura sa finale *mi*. Sa dominante *ut*.	.	. *mi* .	*ut*
Le 4e. ton aura sa finale *mi*. Sa dominante *la*.	.	. *mi* .	*la*
Le 5e. ton aura sa finale *fa*. Sa dominante *ut*.	.	. *fa* .	*ut*
Le 6e. ton aura sa finale *fa*. Sa dominante *la*.	.	. *fa* .	*la*
Le 7e. ton aura sa finale *sol*. Sa dominante *ré*.	.	. *sol* .	*ré*
Le 8e. ton aura sa finale *sol*. Sa dominante *ut*.	.	. *sol* .	*ut*

Après avoir par ces régles diftingué le ton du Plein-chant fur lequel on veut travailler, il faut fe fixer à régler tellement fes Accords, qu'ils ayent un commencement, une dominante & une finale ; Concordantes avec les nottes de fon fujet qui portent ces noms, c'eft à quoi les régles qu'on donne icy nous conduifent tout naturellement, & fans cela tout le travail fera comme inutile & fans goût.

Le moyen de parvenir à ce degré de perfection, eft la patience & l'exercice.

Quand on verra les nombres de 2, 3, 4, & ainfi des autres, on fe reffouviendra que 2 défigne la *feconde*, 3, la *tierce*, 4, la *quarte*, ainfi du refte jufqu'à l'octave défignée par le nombre 8.

Lorfque les nottes vont de fuite, felon l'intonation naturelle, *ut, ré, mi, fa, fol, la, fi, ut,* cela fe nomme degrés conjoints. C'eft la même chofe en defcendant, *ut, fi, la, fol, &c.*

EXEMPLE.

EXEMPLE.

Degrez conjoints.   Deg: conjoints.

Lorsqu'on paſſe d'une notte à une autre, & omettant celles d'entre deux, comme *ut*, *mi*, *ſol*, *ut*, *fa*, *la*, *ut*, *&c.* cela s'apelle degrez dijoints : de même en deſcendant.

EXEMPLE.

Degrez dijoints.   Degrez dijoints.

On enſeigne à ceux qui commencent à compoſer, à ne pas faire une ſuite de tons dont les intervales ſoient des *Septiemes*, des *Tritons* ou des *Semitons*, au-deſſus de l'*Octave*, tant en montant qu'en deſcendant ; cela s'apelle *mauvais progrez* ; on tomberoit dans ce défaut en commençant par un *ut*, enſuite un *fa dieze*, enſuite un *ut*, puis un *ſi*, en montant, &c. & on doit tellement l'éviter, que quand même ces nottes, dont les intervales entre elles ſont fauſſes, s'accorderoient chacunes avec la notte de la baſſe, notte pour notte, encore faudroit-il rejetter un pareil deſſus.

D

EXEMPLE.

Mauvais progrez en montant.

Mauvais progrez en descendant.

Ce défaut est d'autant plus facile à éviter, que ces intervales font naturellement très difficiles à entonner.

CHAPITRE V.

Régles des Accords parfaits.

LEs Accords parfaits sont comme nous l'avons déja dit, la *Tierce*, la *Quinte* & l'*Octave*.

Ces Accords n'ont besoin ni d'être préparés, ni d'être sauvés, au contraire ils servent à sauver les autres , c'est-à-dire, qu'ils adoucissent par leur harmonie, la dureté des dissonances qui se trouvent parmi eux.

DE LA TIERCE MAJEURE.

La *Tierce majeure* est composée de deux tons.

Ses proprietés sont de sauver la *Quarte* & la *Septième*, lorsque la basse monte par degrés conjoints d'une seconde majeure.

EXEMPLE.

On peut faire deux *Tierces majeures* de suite, sans faire la *fausse relation* du triton par supofition.

J'explique ce que c'est que cette *fausse relation* à la page 19, 20 & 21. Voyez l'Exemple A. A.

Lorsque la basse monte par degrez conjoint d'une seconde

mineure, on peut, mais rarement, pratiquer les deux *Tierces majeures*. Voyez l'Exemple B. B.

EXEMPLE.

Mauvais.   Mauvais.   Rarement.   Rarement.

A.   A.   B.   B.

3   3   3   3𝕏   3𝕏 3   3𝕏   3

Plusieurs bons Maîtres permettent les deux *Tierces majeures*, lorsque la basse procéde ainsi qu'il suit.

EXEMPLE.

Toleré.   Toleré.   Toleré.

3   3   6   3   3   3   3 3𝕏   6

Il est deffendu de tomber de la *Tierce majeure* sur l'Octave. Voyez l'Exemple A. Il faut, pour éviter cette faute, fraper la *seconde*, en sincopant, & la sauver de l'Octave, c'est-à-dire la faire suivre, comme on peut voir dans l'Exemple B.

EXEMPLE.

EXEMPLE.

Mauvais.			Bon.

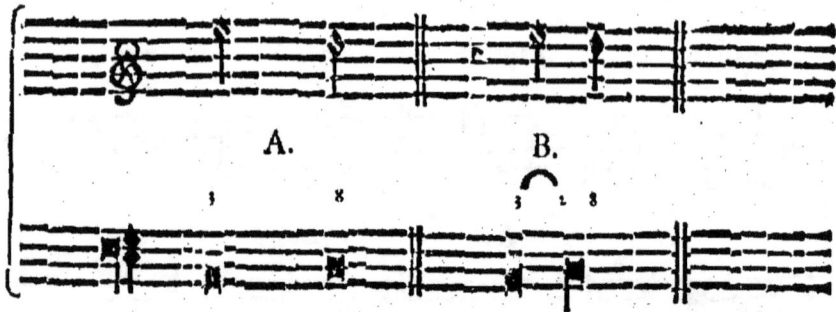

A.			B.

DE LA TIERCE MINEURE.

La *Tierce mineure* est composée d'un ton & demi.

Ses proprietés sont de sauver la *Quarte*, & quelque fois la *Septieme*, de même que la *Tierce majeure*.

On en peut faire plusieurs de suite. Voilà tout ce qui regarde cet Accord; on ajoute qu'il ne faut jamais finir par la *Tierce mineure*, mais toujours par la *Tierce majeure*.

DE LA QUINTE.

La *Quinte* est composée de trois tons & d'un demi ton. Les proprietés de cet Accord sont de sauver la *Sixte*, lorsque la basse precede en descendant d'un ton par degrez conjoints. Voyez l'Exemple A, dans lequel la notte *sol* du dessus, sauve la seconde partie du *la*, qui fait une *Sixte*, avec la notte *ut* de la basse.

De sauver la *seconde*, lorsque la basse procéde par intervale de Quarte en montant, voyez l'Exemple B. dans lequel la notte *ré* du dessus, sauve la seconde partie du *la*, qui fait une *seconde* avec la notte *sol* de la basse.

Enfin de sauver la *septieme*, lorsque la basse en montant, procéde par degrez conjoints: Voyez l'Exemple C, dans lequel la

E

notte *ré* du deſſus, ſauve la ſeconde partie du *fa*, qui eſt un
Accord de *ſeptieme*, avec la notte *ſol* de la baſſe.

EXEMPLE.

Il eſt deffendu de deſcendre par degrez dijoints, de la *Quinte*
ſur l'*Octave*.

EXEMPLE.

Quoique les deux Quintes de ſuite ſoient deffenduës, néanmoins, lorſqu'il s'agit de prendre certaines fugues, on peut les
pratiquer, pourvû qu'elles ſoient renverſées, ce qui ſe peut faire,
lorſque la baſſe deſcend par intervale de Quinte, & monte par
intervale de Quarte.

EXEMPLE.

La *fauſſe Quinte* eſt abſolument deffenduë dans le *Chant ſur le Livre*, excepté qu'on peut la mettre ainſi que le *Triton*, ſur la ſeconde partie d'un temps, encore faut-il qu'il ſoit ſuivi d'une Tierce dans le temps ſuivant, ſupoſé que la baſſe monte par degrez conjoints d'un ſemi ton, comme du *mi* au *fa*, du *ſi* à l'*ut*, & autres ſemblables.

EXEMPLE.

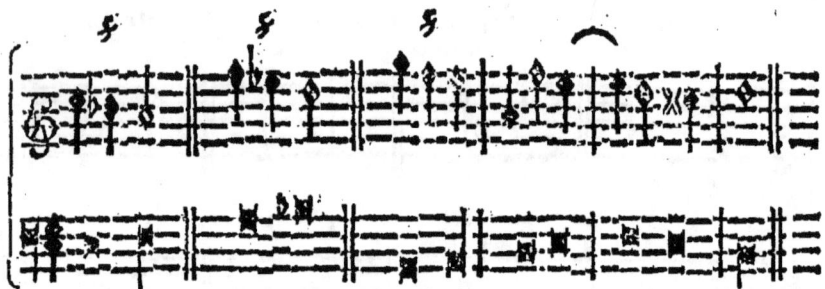

Non ſeulement la diſſonance du *Triton* ou *fauſſe Quinte* eſt deffenduë, mais même tout ce qui en aproche : ainſi on doit éviter de faire aucun Accord qui, s'il éroit joint à la notte qui précede, ou qui ſuit celle ſur laquelle on le fait, formeroit cette diſſonance, & ce deffaut ſe nomme *fauſſe relation prochaine du Triton*, ou *relation de ſupoſition du Triton*; ainſi une Quinte miſe ſur un *mi*, qui ſeroit précédé ou ſuivi d'un *fa*, feroit une *Quarte*

E ij

majeure ou *Triton* avec le *fa*. Exemple A. A. Une Quinte fur un *fi* précédé ou fuivi d'un *ut*, feroit un *Triton* avec cet *ut*. Pour l'éviter il faut mettre une *fixte* : Exemple B. B.

EXEMPLE.

Mauvais.　Mauvais.　Bon.　Bon.

Une (ª) *Quinte fuperfluë* mife fur le fecond temps d'un *ré* fuivi d'un *mi*, fera le *Triton* avec le *mi*. Vous éviterez ce deffaut en mettant une fixte majeure. Voyez l'Exemple C. C. Une *Tierce mineure* fur un *fol*, fuivi d'un *mi*, en defcendant, feroit le *Triton* avec le *mi*, ainfi il faut y mettre une *Tierce majeure* : Voyez l'Exemple D. D.

EXEMPLE.

Mauvais.　Mauvais.　Bon.　Bon.

(ª) .... La Quinte fuperfluë & la Sixte mineure : c'eft la même chofe dans la Pratique.

la

Il y a encore un grand nombre de *fauſſes relations*, on en compte même autant qu'il y a de faux intervales, mais comme cela regarde plûtôt la compoſition que le *Contrepoint ſimple* ou *Chant ſur le Livre*, nous nous bornerons à l'explication de la *fauſſe relation du Triton*, & de la *fauſſe Quinte*, qui eſt la même choſe dans la ſorte de compoſition dont nous parlons.

DE L'OCTAVE.

L'Octave qui eſt ſeule & unique dans ſon genre, eſt compoſée de cinq tons, & deux demi tons.

Sa propriété eſt de ſauver la *ſeconde*.

Les deux *Octaves* de ſuite ſont deffenduës.

Il n'eſt point permis de monter de l'*Octave* à la Quinte par degrez dijoints, lorſque la baſſe deſcend par intervale de Tierce. Voyez l'Exemple A.

Il eſt de même deffendu de tomber de la *Quinte* ſur l'*Octave* par degrez dijoints, lorſque la baſſe procéde en montant par intervale de Tierce. Voyez l'Exemple B.

EXEMPLE.

A.   B.

8   5   8   5   5   8   5   8

F

CHAPITRE VI.

De l'unique Accord Mixte, qui est la seule Sixte.

DE LA SIXTE.

L A *Sixte majeure* est composée de quatre tons & demi. Ses propriétés sont de sauver la septiéme.

EXEMPLE.

Lorsque l'on va de la *Sixte* à l'*Octave*, la *Sixte* doit toujours être *majeure*, comme on peut le remarquer dans les Exemples. Tous les anciens ont toujours deffendu les deux *Sixtes majeures* de suite, cependant les plus habiles modernes les tolérent aujourd'hui, aussi-bien que la *fausse relation par suposition* de la *Quinte superfluë* qui en résulte, comme on peut voir dans l'Exemple suivant.

EXEMPLE.

Quoique les habiles modernes tolérent les deux *Sixtes majeures*, lorsque la basse procéde ainsi que dessus, il ne faut pas pour cela les mettre fréquemment en usage, il vaut bien mieux, comme ils conviennent, pratiquer la sincope de la septiéme suivie de notre *Sixte*, comme vous voyez dans le précédent Exemple A.

La *Sixte* doit toujours être suivie de l'*Octave* ou de la *Tierce* dans le tems suivant de la mesure. Voyez l'Exemple qui suit.

EXEMPLE.

DE LA SIXTE MINEURE.

La *Sixte mineure* est composée de trois tons & deux demi tons. Sa propriété est de sauver la *septieme*, de même que la *Sixte majeure*.

Il est deffendu de finir par la *Sixte*.

F ij

Il eſt auſſi deffendu de commencer par la *Sixte*, tant *majeure* que *mineure*, à moins que ce ne ſoit pour prendre certaines fugues, comme celle-cy.

EXEMPLE.

La maniére de mettre en uſage la *Sixte*, tant *majeure* que *mineure*, en pluſieurs endroits, eſt que toutes les fois que la baſſe monte par degrez conjoints, on peut ſur la ſeconde notte faire la *Sixte* toute pleine.

EXEMPLE.

On

On la peut encore pratiquer lorſque la baſſe procéde, ainſi qu'il ſuit.

Lorſque la baſſe monte par degrez conjoints, on peut ſur la ſeconde partie de chaque notte faire la *Sixte*, comme dans l'Exemple ſuivant.

On la peut faire de même lorſque la baſſe deſcend par degrez conjoints, ainſi qu'il ſuit.

EXEMPLE.

Elle se pratique aussi en sincopant avec la *Quinte*, lorsque la basse monte par degrez conjoints.

EXEMPLE.

On la fait encore en sincopant avec la *septiéme* qu'elle sauve, comme nous l'avons déja dit, lorsque la basse descend par degrez conjoints.

EXEMPLE.

CHAPITRE VII.

Régles des Accords imparfaits ou dissonances.

LEs Accords imparfaits ou dissonances sont la *Seconde*, la *Quarte* & la *Septiéme*. Elles doivent toujours être prévenuës par la même notte qu'elles sont elles-mêmes, c'est-à-dire, si elles sont un *ré*, elles doivent être prévenuës par un *ré* · si c'est un *mi*, par un *mi*, & toujours suivies en sincopant d'un bon accord : ce qui s'apelle sauvées dans le même temps. Mais elles n'ont besoin d'être sauvées, que quand elles se trouvent sur la premiére partie d'un temps, car lorsqu'elles sont sur la derniére partie, elles ne portent pas, & elles ne servent qu'à lier le chant.

EXEMPLE.

La Seconde.   La Quarte.   La Septiéme.

3 28 87 5   5 43   34 3X   8 76 76 76 8

DE LA SECONDE.

Il n'y a point de Régles différentes à observer pour la *Seconde majeure*, ou pour la *Seconde mineure*.

La *Seconde* doit être prévenuë par la *Tierce*, lorsque la basse procéde en montant par degrez conjoints, c'est-à-dire, par intervale de Seconde, & elle doit être suivée dans le même temps par l'*Octave*, ou par la *Quinte* en descendant.

EXEMPLE.

La *Seconde* doit être prévenuë ou préparée par la *Quinte*, lorsque la basse procéde en montant par intervale de Quarte, & elle doit être sauvée dans le même temps par l'*Octave*, ou par la *Quinte en descendant*.

EXEMPLE.

Quoique les Accords imparfaits ne portent pas, lorsqu'ils se trouvent sur la seconde partie d'un temps, on doit néanmoins éviter d'aller d'un de ces Accords à un parfait, qui seroit sur la première partie du temps suivant par degrez dijoints; c'est une Régle générale pour tous les Accords imparfaits.

EXEMPLE.

EXEMPLE.

Mauvais.   Bon.   Mauvais,   Bon.   Mauvais.   Bon.

DE LA QUARTE.

La *Quarte ordinaire* ou *mineure* se prévient par la *Tierce* ou par la *Quinte*, & se sauve toujours de la *Tierce* dans le même temps de la mesure par sincope.

La *Quarte* veut être prévenuë de la *Quinte*, lorsque la basse procéde en montant par degrez conjoints.

EXEMPLE.

Quarte prévenuë de la Quinte.

5   43   5   43   5   43

H

La *Quarte* veut être prévenuë de la *Tierce*, lorſque la baſſe procéde en deſcendant par degrez conjoints.

EXEMPLE.

Quarte prévenuë de la Tierce.

La *Quarte majeure* ou *Triton* eſt abſolument deffenduë dans le *Chant ſur le Livre*; cet Accord n'eſt en uſage que dans la Compoſition; ſi l'on eſt obligé de faire cette *Quarte majeure* ou *Triton*, cela n'eſt permis que ſur la ſeconde partie du temps pour lier le Chant, pour lors il ne porte pas, encore faut-il qu'il ſoit ſuivi de la *Sixte* dans le temps ſuivant. Quelque fois il peut être ſuivi de la *Tierce* ou de la *Quinte*.

EXEMPLE.

Triton.

On ne doit se servir de cet Accord, que lorsque la basse descend par degrez conjoints, & d'un semi-ton, comme du *fa* au *mi*, de l'*ut* au *si*, du *si b-mol* au *la*, & autres semblables, ainsi que vous venez de voir.

La *Quarte* souffre une exception de la régle générale qui deffend d'aller d'un Accord imparfait à un parfait, qui seroit sur la premiére partie du temps suivant par degrez dijoints, & cela en plusieurs cas; ainsi lorsque la basse procéde en descendant par degrez conjoints, on peut aller de la *Quarte* à la *Tierce* par degrez dijoints.

EXEMPLE.

On pourroit même, au lieu de la *Tierce*, faire la *Quinte* ensuite de ladite *Quarte*, comme dans l'Exemple qui suit.

Les Compositeurs apellent cet Accord *Quarte consonante*, parce qu'elle ne sonne bien qu'avec la *Sixte*.

H ij

Il eft encore permis de monter de la *Quarte* à la *Tierce* par
degrez conjoints , lorfque la baffe procéde en montant par degrez dijoints , & non pas de tomber de la *quarte* fur la *quinte*
par degrez dijoints , lorfque la baffe procéde en montant par
degrez dijoints.

EXEMPLE.

On peut auffi pratiquer la *quarte* en premier & en troifiéme
lieu , lorfque la baffe procéde ainfi qu'il fuit.

EXEMPLE.

DE LA SEPTIE'ME,

La *Septiéme majeure* & la *Septiéme mineure* ont les mêmes régles,
La *Septiéme* doit être prévenuë comme la *Seconde* & la *quarte*,

par

par les mêmes nottes qu'elles font elles-mêmes en fincopant; la
maniére en eft expliquée, & réiterée par les Exemples fuivants.
On doit la fauver prefque toujours par la *Sixte*, & quelque fois
auffi par la *Tierce*, mais rarement.

EXEMPLE.

EXEMPLE.

La *Septiéme* n'a point d'exception de la régle générale propo-
fée à la page 27 où j'ai dit que tous les Accords imparfaits,
comme la *Seconde* & la *Quarte*, doivent être préparées & fauvées
par un bon Accord; j'en ai fait connoître la maniére dans les
pages fuivantes, & ainfi pour la *Septiéme*, elle fe prépare & fe
fauve de même par fincope en defcendant, lorfque le Plein-
chant monte par degrez conjoints & dijoints, ainfi que deffus à

I

l'Exemple A. ʿis il n'eſt pas permis de tomber de la *Septiéme*
ſur la *Tierce*, par degrez dijoints, lorſque la baſſe procéde en
montant par degrez conjoints & dijoints. Voyez l'Exemple B.
dans lequel vous remarquerez que la *Septiéme* eſt permiſe en deſcendant par degrez conjoints pour lier le Chant, lorſque la baſſe
monte par degrez conjoints. Elle ſe ſauve encore par ſincope,
en deſcendant de cette maniére, lorſque le Plein-chant deſcend
par degrez conjoints.

EXEMPLE.

CHAPITRE VIII.

De la maniére de faire quatre ou plusieurs nottes pour un temps.

Q Uand on fait quatre nottes pour un temps, il faut que la première & la troisiéme soient des Accords parfaits ou *Sixtes*, parce qu'il y en a quelques-unes qui portent.

EXEMPLE.

Autre maniére de faire plusieurs Nottes.

On peut faire quelque fois quatre Croches pour un temps, dont la première & la troisiéme ne portent pas, aucontraire la Seconde & la Quatriéme ; pour lors on les lie, pour faire connoître que ce n'est pas la Premiére ni la Troisiéme qui porte, mais la Seconde & la Quatriéme, comme on peut voir dans l'Exemple qui suit.

EXEMPLE.

LECON.

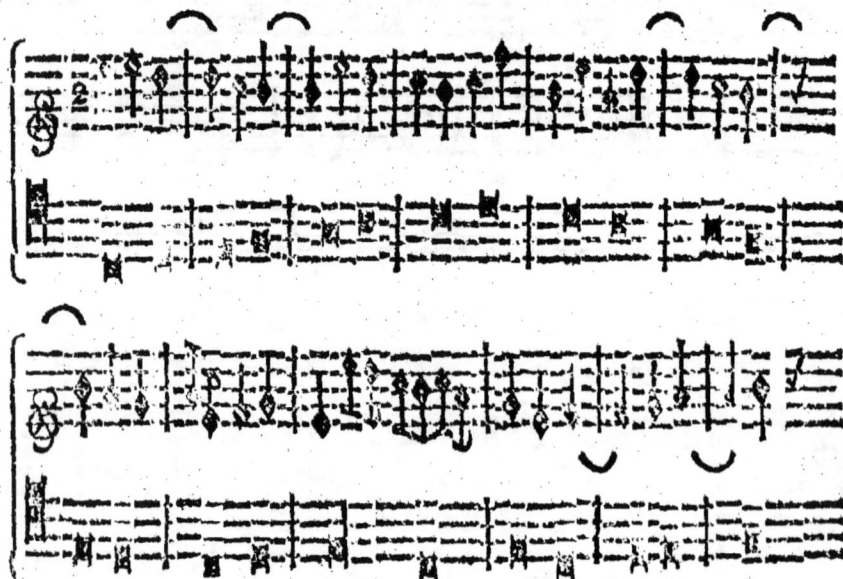

K

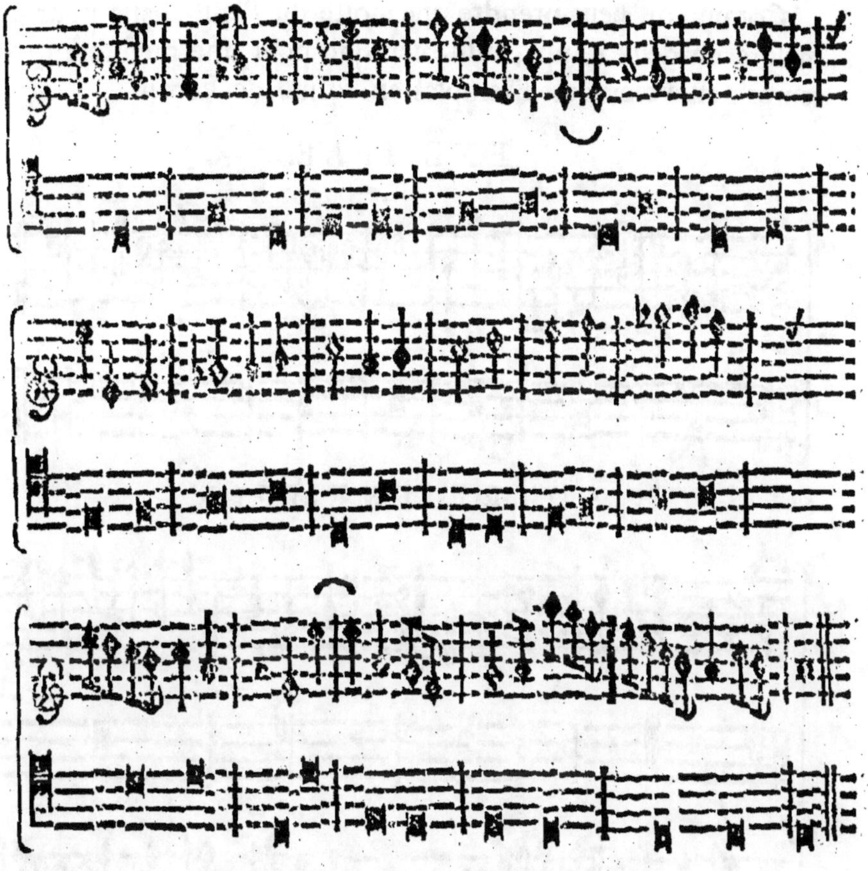

Comme on peut prendre une notte du Plein-chant pour une
mesure en deux temps, aussi-bien que pour une mesure en trois
temps : en voicy des Exemples en forme de Leçon.

EXEMPLE.

AUTRE EXEMPLE.

EXEMPLE

D'une notte de Plein-chant pour la mesure,
en deux temps.

AUTRE

AUTRE EXEMPLE.

La *Fugue* est une imitation ou plûtôt une repetition de la basse, & qui commence une demie mesure, une mesure ou même deux plûtard qu'elle, de sorte cependant qu'elle fasse accord avec les nottes de la basse qui lui répondent dans le cours des mesures.

Elle peut se prendre à l'*Octave* de la basse, à la *Quinte*, *Quarte* ou *Tierce*. Exemple, si la basse commence par *ut*. La *Fugue* à l'Octave commencera par un *ut*. A la *Quinte* par un *sol*. A la *Quarte* par un *fa*, & à la *Tierce* par un *mi*, & suivra la basse alternati

L

vement autant qu'on trouvera à repeter, en confervant les accords avec les nottes de la baffe qui fe chantent actuellement.
Elle peut fe faire auffi par renverfement.

EXEMPLE.

Fugue à l'Octave.

Fugue à l'Octave.

Fugue renversée.

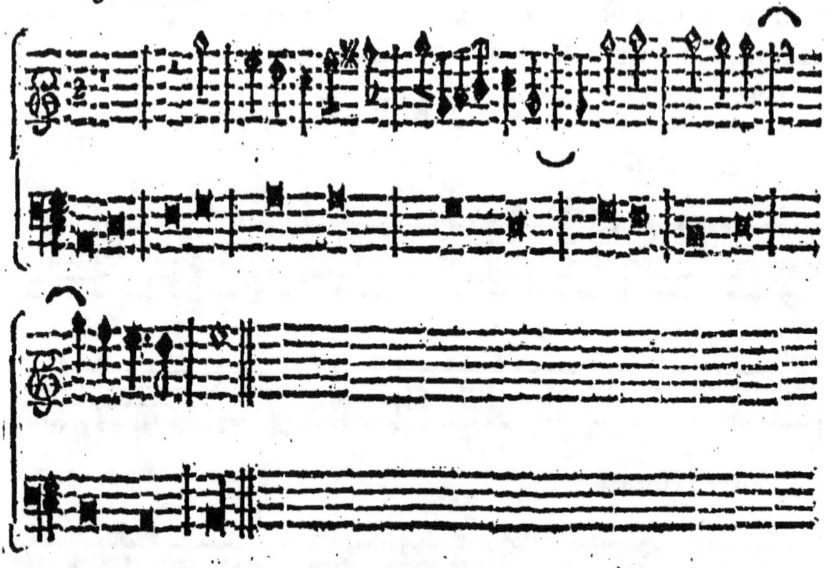

Fugue à la Quinte.

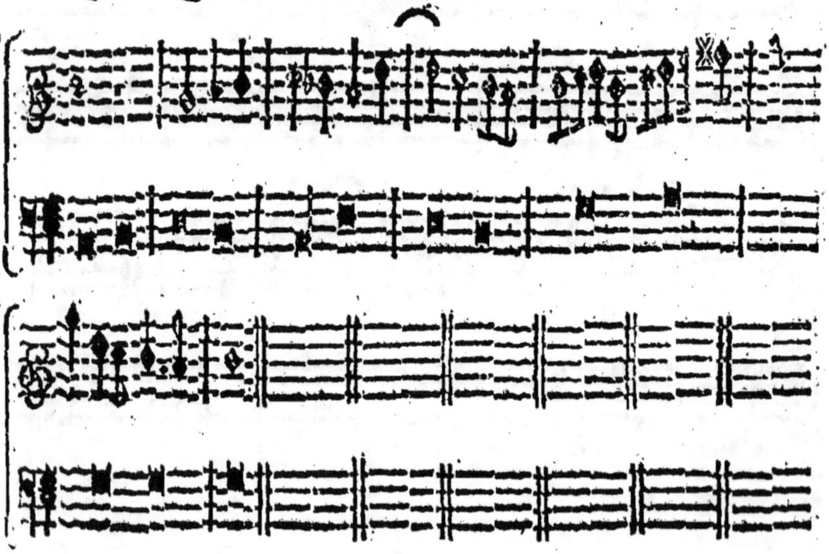

Fugue à la Quinte.

Fugue à la Quarte.

Fugue à la Tierce.

L E C, O N.

Gaudea ———— mus   in

Gaudea   mus   omnes   in   Do ————

Do   -   mino   Gaudea———— mus   omnes

mino   di —— em   Feſtum

M

in Domino diem Festum celebran ——— tes

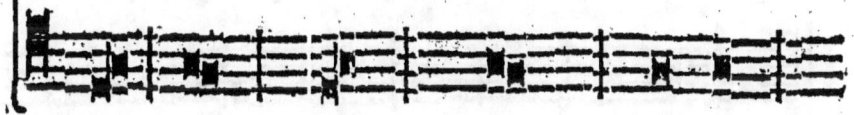

ce - le - bran ——— tes? ſub ho ———

cele-brantes   ſub hono ——— re Sanctorum

no   re Sanc -- to ——— rum

omnium de   quorum ſolemnita ——— te:

om ——— nium   de.   quo ——— rum

gaudent An - geli   de quo - rum folemni ——

fo — lem-ni - ta ——— te   gau ——— dent An ——

ta ——— te folemnità ————— té gau -

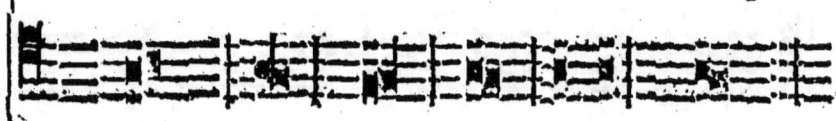

ge - li

dent Angeli & collau-dant Filium Dei

& col - lau . ——— dant Fi ———

& collau — dant Fi -- lium De --- i

li - um   De ——

collau - dant Filium De —— i.

i.

FIN.

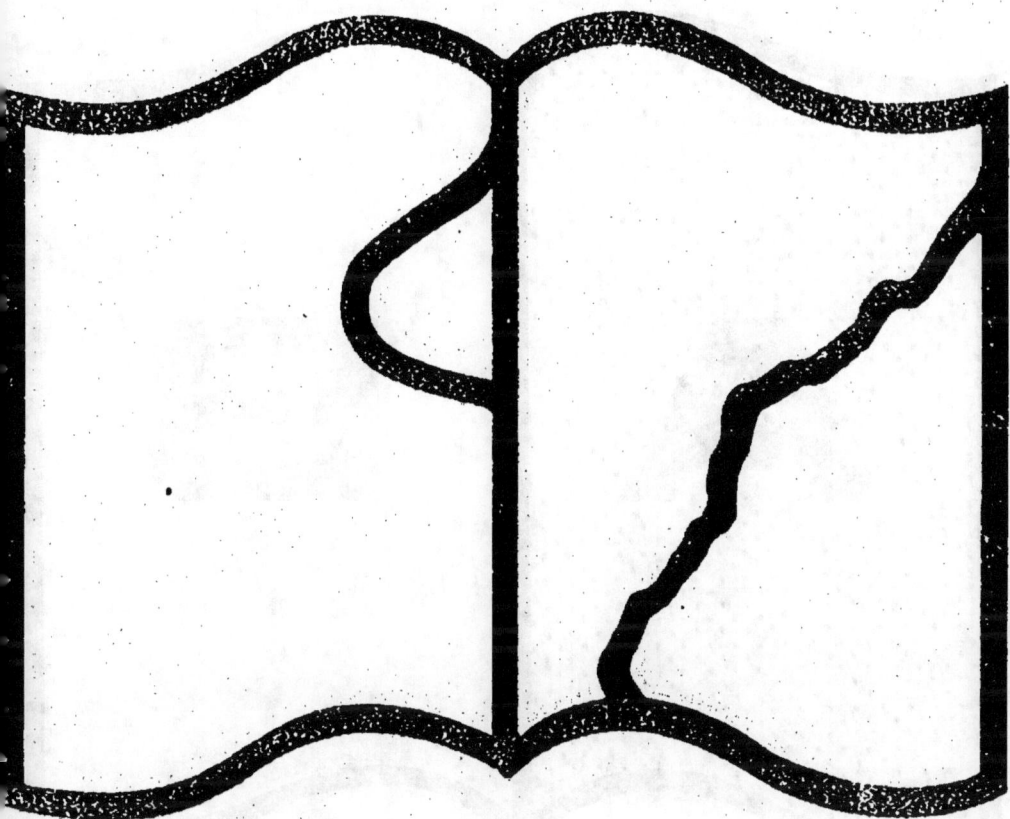

Texte détérioré — reliure défectueuse

NF Z 43-120-11

Contraste insuffisant

NF Z 43-120-14

www.ingramcontent.com/pod-product-compliance
Lightning Source LLC
LaVergne TN
LVHW050305090426
835511LV00039B/1469